BEI GRIN MACHT SICH IHR WISSEN BEZAHLT

- Wir veröffentlichen Ihre Hausarbeit, Bachelor- und Masterarbeit

- Ihr eigenes eBook und Buch - weltweit in allen wichtigen Shops

- Verdienen Sie an jedem Verkauf

Jetzt bei www.GRIN.com hochladen und kostenlos publizieren

Stefan Marr

Traffic Management und Dienstgütesicherung in ATM-Netzwerken

GRIN Verlag

Bibliografische Information der Deutschen Nationalbibliothek:

Die Deutsche Bibliothek verzeichnet diese Publikation in der Deutschen Nationalbibliografie; detaillierte bibliografische Daten sind im Internet über http://dnb.d-nb.de/ abrufbar.

Dieses Werk sowie alle darin enthaltenen einzelnen Beiträge und Abbildungen sind urheberrechtlich geschützt. Jede Verwertung, die nicht ausdrücklich vom Urheberrechtsschutz zugelassen ist, bedarf der vorherigen Zustimmung des Verlages. Das gilt insbesondere für Vervielfältigungen, Bearbeitungen, Übersetzungen, Mikroverfilmungen, Auswertungen durch Datenbanken und für die Einspeicherung und Verarbeitung in elektronische Systeme. Alle Rechte, auch die des auszugsweisen Nachdrucks, der fotomechanischen Wiedergabe (einschließlich Mikrokopie) sowie der Auswertung durch Datenbanken oder ähnliche Einrichtungen, vorbehalten.

Impressum:

Copyright © 2006 GRIN Verlag GmbH
Druck und Bindung: Books on Demand GmbH, Norderstedt Germany
ISBN: 978-3-640-11445-0

Dieses Buch bei GRIN:

http://www.grin.com/de/e-book/110350/traffic-management-und-dienstguetesicherung-in-atm-netzwerken

GRIN - Your knowledge has value

Der GRIN Verlag publiziert seit 1998 wissenschaftliche Arbeiten von Studenten, Hochschullehrern und anderen Akademikern als eBook und gedrucktes Buch. Die Verlagswebsite www.grin.com ist die ideale Plattform zur Veröffentlichung von Hausarbeiten, Abschlussarbeiten, wissenschaftlichen Aufsätzen, Dissertationen und Fachbüchern.

Besuchen Sie uns im Internet:

http://www.grin.com/

http://www.facebook.com/grincom

http://www.twitter.com/grin_com

Traffic-Management und Dienstgütesicherung in ATM-Netzwerken

Stefan Marr

Seminar Rechnernetze 2006
Hasso-Plattner-Institut für Softwaresystemtechnik

Abstract

Die Mechanismen zum Traffic-Managment und der Dienstgütesicherung, welche in der ATM Spezifikation definiert sind, werden vorgestellt. Dazu werden die ATM Dienstkategorien näher erläutert und darauf aufbauend die für ATM relevanten Dienstgüteparameter eingeführt. Auf dieser Grundlage werden die Funktion des Verkehrsvertrags und anschließend die weiterführenden Methoden zur Verwaltung des Netzverkehrs vorgestellt. Die Möglichkeiten des Netzwerks dem Sender explizit Informationen zur verfügbaren Bandbreite zu übermitteln und die Frameunterstützung für ATM sind ebenfalls beschrieben. Zum Abschluss wird der konzeptionelle Zusammenhang der einzelnen Mechanismen im Router veranschaulicht und ein Vergleich der Traffic-Management Fähigkeiten von ATM und TCP/IP durchgeführt.

Keywords: ATM, Verkehrsverwaltung, Dienstgüte, Netzwerke, Traffic-Management, Zellratensteuerung

1. Einleitung

Mit dem *Asynchronous Transfer Mode* kurz ATM steht seit 1989 ein Übertragungsverfahren für Daten aller Art zur Verfügung, das mit verschiedenen Eigenschaften aufwartet, mit den es auch mit dem in heutiger Zeit sehr verbreiteten Ethernet konkurrieren kann. Der historischen Entwicklung und auch den mit ATM-Hardware verbundenen Kosten geschuldet, kommt dieses Verfahren heute jedoch fast nur noch in großen Internet-Backbones zum Einsatz.

Im Gegensatz zu z.B. Ethernet wird in einem ATM-Netz mit Zellen fester Länge (53 Byte) gearbeitet, worauf auch die grundlegenden technischen Unterschiede beruhen. Ein sehr herausragendes Merkmal von ATM sind die Fähigkeiten im Bereich Traffic-Management und Dienstgütesicherung, was dieses Verfahren auch heute noch sehr interessant macht für sehr quali-tätskritische Anwendungen, wie z.B. der professionellen Übertragung von verlustfrei komprimierten Videodaten in Echtzeit, aber auch dem bereits erwähnten Betrieb von Backbones.

Um die optimale Auslastung und den effizienten Betrieb eines solchen Hochgeschwindigkeitsnetzwerkes sicherzustellen, bedarf es geeigneter Verfahren und Messgrößen zur Verwaltung und Überwachung des Verkehrs in diesem Netzwerk. Die dazu unternommenen Aktivitäten werden gemeinhin unter dem Begriff *Traffic-Management* zusammengefasst. Genauer gesagt versteht man unter Traffic-Management die Prozesse zur Überwachung und Analyse von Verkehr in einem Netzwerk. Die Verfahren zur Reaktion auf Änderungen des Verkehrs oder der Umgebungsbedingungen, sowie die Sicherstellung der optimalen Netzwerkleistung gehören ebenfalls dazu. Diese Thematik geht eng einher mit dem Aspekt der *Dienstgüte* bzw. *Quality of Service* (QoS), welcher die Einhaltung bzw. Gewährleistung von bestimmten Parametern bei der Übertragung von Daten über ein Netzwerk steht.

In dieser Ausarbeitung werden die Fähigkeiten und Verfahren vorgestellt, die von ATM zur Verfügung gestellt werden um Traffic-Management und Dienstgütesicherungen in einem Hochgeschwindigkeitsnetzwerk zu realisieren.

Da ATM besonders für den Einsatz in Breitbandnetzen entwickelt wurde und es vorgesehen worden war, dass über diese Netze jegliche Art von Daten-, Audio- oder auch Videomaterial übertragen können werden soll, wurde dieser Problematik besonders viel Aufmerksamkeit geschenkt. Ziel war es, eine möglichst effiziente Auslastung der Kapazitäten zu erreichen und dabei trotzdem alle vereinbarten Qualitätsmerkmale garantieren zu können.

Ein Überblick zu ATM allgemein und den technischen Besonderheiten wird in [8] gegeben.

Diese Ausarbeitung soll sich ausschließlich mit den in ATM-Netzen verfügbaren Mechanismen zum Traffic-Management und der Dienstgütekontrolle beschäftigen. Dafür wird in den folgenden Abschnitten auf die in ATM-Netzwerken messbaren Größen und die in [1] vorgesehenen Mechanismen in diesen Netzen eingegangen.

Zu erst werden dazu die ATM Dienstkategorien eingeführt und ihr jeweiligen Einsatzgebiete benannt, um daran anschließend die für die Kategorien und die Datenverkehrscharakterisierung im Allgemeinen relevanten Größen einzuführen. Im Abschnitt 4 wird der ATM Verkehrsvertrag näher betrachtet, da die in ihm getroffenen Vereinbarungen für eine Verbindung die Grundlage für die Traffic-Management-Mechanismen darstellen, welche im fünften Abschnitt beschrieben werden. Hier bilden vor allem auch die Zellratensteuerung für Available Bit Rate-Dienste, die Verfahren für die Guaranteed Frame Rate sowie die Darstellung des Zusammenhangs der einzelnen Mechanismen einen Schwerpunkt.

Um die Besonderheiten von ATM gegenüber den Traffic-Management-Fähigkeiten des sehr verbreiteten TCP/IP hervorzuheben, werden diese im 6. Abschnitt verglichen. Darauf folgt eine kurze Zusammenfassung sowie ein Abkürzungsverzeichnis im Anhang.

2. ATM Dienstkategorien

ATM Netzwerke sind dazugedacht verschiedenste Arten von Datenströmen transportieren zu können und diesen auch die benötigte Dienstgüte bereitzustellen. Um den verschiedenen Ansprüchen, die unterschiedliche Arten von Datenströme an die Netzparameter wie Zellverlust und Verzögerungszeiten haben, gerecht werden zu können, sind gemäß [4] für ATM sechs verschiedene Kategorien von Datenströmen definiert worden.

Im Bereich der Echtzeit-Dienste wird zwischen *Constant Bit Rate* (CBR) und *Real-Time Variable Bit Rate* (rt-VBR) unterschieden. CBR wird für die Übertragung von Datenströmen mit festen Datenraten verwendet, wie sie z.b. bei unkomprimierten Video- oder Audiodaten auftreten. Für solche Anwendungen sind geringe Übertragungsverzögerungen (*Cell Transfer Delay* - CTD) und eine geringe Verzögerungsvarianz (*Cell Delay Variation* - CDV) wichtig.

Für z.b. komprimierte Audio- oder Videodatenströme ist rt-VBR gedacht. Hier sind ebenfalls geringe Übertragungsverzögerungen und auch eine geringe Verzögerungsvarianz entscheidend. Im Gegensatz zu CBR ist die Datenrate jedoch über die Zeit veränderlich.

Der größere Bereich der Datenströme hat nicht so hohe Anforderungen an CTD und CDV und eher Burst-Charakter. Die Daten werden also schwallartig ans Netzwerk geliefert. Ähnlich wie rt-VBR gibt es *Non-Real-Time Variable Bit Rate* (nrt-VBR). In diese Kategorie fallen Dienste mit hohen Anforderungen an die Antwortzeit z.B. Bank-Transaktionen oder EMail. Zu den Anforderungen gehören eine geringe Zellverlustrate (*Cell Lose Ratio* - CLR) und geringe CTD.

Mit *Available Bit Rate* (ABR) steht eine Kategorie für Standarddatenverkehr wie beispielsweise Dateiübertragungen zur Verfügung. Hier sind keine Anforderungen an CLR und CTD gegeben. Diesen Diensten kann eine minimale Zellrate garantiert werden und darüber hinaus haben sie die Möglichkeit freie Kapazitäten zu nutzen.

Relativ neu ist *Guaranteed Frame Rate* (GFR) zur Unterstützung von IP-Backbones. Ziel ist es hier Frame-basierte Datenströme optimal transportieren zu können. Diese können z.B. von einem LAN an einen ATM-Router gelangen. Um die Performance hier zu optimieren, werden die Pakete bzw. Framegrenzen beachtet und diese z.B. für Gegenmaßnahmen bei Netzüberlast mit einbezogen. Wie bei ABR wird eine minimale Transferrate garantiert und darüber hinaus können freie Kapazitäten genutzt werden.

Für die übrig bleibenden Kapazitäten gibt es noch die Kategorie der *Unspecified Bit Rate* (UBR). Diese Dienste werden auch als *best-effort services* bezeichnet. In diesem Bereich spielen Zellverluste und Verzögerungen keine große Rolle. Genutzt wird dies für Datenübertragungen wie News-Feeds, Dateiübertragungen oder Nachrichtenübermittlung. Hier werden keine Anforderungen an das Netz gestellt und es werden meist Mechanismen auf höheren Schichten eingesetzt um die Datenintegrität zu gewährleisten.

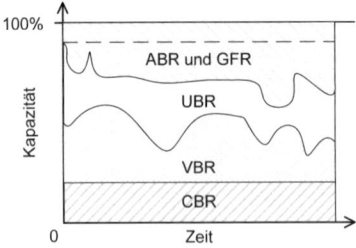

Abb. 1 ATM Dienstkategorien

Über die optionale Erweiterung von UBR in [2] ist es möglich die Charakteristik eines UBR-Verkehrsstroms differenzierter zu beschreiben. Dazu wird ihm eine sogenannte *Behavior Class* zugeordnet. Über diese Angabe soll das Netzwerk die Möglichkeit haben, die Gewährung von Dienstgüteparametern auch an UBR-Verbindungen differenzierter handhaben zu können. Details sind hier jedoch implementationsabhängig und nicht spezifiziert.

Mit [3] ist es für UBR-Dienste zudem optional möglich eine minimale gewünschte Zellrate anzugeben, diese wird jedoch vom Netzwerk nur zu Optimierungszwecken genutzt und nicht garantiert.

In Abb. 1 wurde das Verhalten der einzelnen Dienstkategorien zueinander einmal veranschaulicht. Bei den CBR-Diensten ist klar das konstante Ausnutzen der Kapazität über die Zeit zu erkennen. Bei VBR hingegen variiert diese Auslastung über die Zeit. Bei ABR und GFR ist eine optionale *Minimum Cell Rate* (MCR) als gestrichelte Linie zu erkennen und bei UBR ist klar zu erkennen, dass es sich um die *best-effort* Kategorie handel und somit nur überschüssige Kapazitäten ausgeschöpft werden können.

3. ATM Dienstgüte-Parameter

Die im vorangegangenen Abschnitt dargestellten Kategorien von Diensten fordern vom Netzwerk recht unterschiedliche Eigenschaften und Werte die sichergestellt werden sollen.

In diesem Abschnitt sollen daher nach [4,5,7] die für ATM spezifizierten Größen dargestellt werden, mit dem man die Qualität eines Dienstes messen und anhand dieser Informationen die gewünschten Parameter sicherstellen kann.

Unter *Cell Transfer Delay* (CTD) versteht man die Verzögerung bei der Übertragung einer Zelle gemessen vom Versand der ersten Bits bis zum Empfang des letzten Bits. Durch das Design von ATM kommt es durch das Netzwerk selbst nur zu vernachlässigbaren Verzögerungen, da die Verarbeitungs- und Übertragungsverzögerungen minimal sind. Der überwiegende Teil von Verzögerung entsteht durch Überlast von Netzknoten. Als Dienstgüte-Parameter wird mit der *maxCTD* die gewünschte Obergrenze für diese Verzögerung festgelegt. Zellen, welche die *maxCTD* nicht einhalten, sollen entweder verworfen oder als verspätet markiert zugestellt werden.

Die *Cell Delay Variation* (CDV) ist das Ausmaß der Schwankung der Verzögerung zwischen dem Eintreffen von zwei aufeinander folgenden Zellen einer bestimmten Verbindung. Diese beruht auf der Verwendung von Zellen fester Größe und den damit verbundenen Zeitschlitzen, in den einzelne Zellen versendet werden. Durch das versenden von zusätzlichen OAM-Zellen[1], kommt es zu Verzögerungsschwankungen im Nutzdatenstrom. Bei der für die Dienstgütesicherung wichtigen *peak-to-peak CDV* handelt es sich um die Variation der Verzögerung der Zellen, die kleiner ist als die maxCTD.

Unabhängig davon gibt es noch die Größe der *Cell Delay Variation Tolerance* (CDVT). Sie wird meist direkt an der Netzwerkschnittstelle des Nutzers (*User-Network Interface* – UNI) festgelegt und der vom Nutzer erzeugte Verkehr muss diesen CDVT-Bereich einhalt, um die QoS-Garantien in Anspruch nehmen zu können.

Mit der *Cell Lose Ratio* (CLR) wird das Verhältnis der verlorenen zu den übertragenen Zellen in einem bestimmten Intervall angegeben.

Die obere Grenze der Zellübertragungsrate wird mit Hilfe der *Peak Cell Rate* (PCR) angegeben. PCR ist dabei als PCR = 1/T definiert, mit T als minimaler Abstand zwischen zwei Zellen.

Ähnlich dazu ist die *Sustainable Cell Rate* (SCR), welche die obere Grenze der durchschnittlichen Zellrate einer ATM Verbindung bezeichnet. Diese Angabe wird z.B. für VBR-Dienste benötigt, um eine effiziente Aufteilung der verfügbaren Resourcen zwischen mehreren VBR-Diensten zu ermöglichen, ohne die PCR reservieren zu müssen und damit Bandbreite zu verschwenden. Die SCR sollte demnach auch kleiner sein als die PCR, um nützlich zu sein.

Eine weitere wichtige Größe zum Charakterisieren von Datenströmen ist die *Maximum Burst Size* (MBS). Diese steht für die maximale Anzahl von Zellen, die mit PCR hintereinander weg übertragen werden können. Mit der *Minimum Cell Rate* (MCR) wird für ABR und GFR die minimal zu garantierende Zellrate angegeben. Speziell für GFR ist außerdem eine *Maximum Frame Size* (MFS) spezifiziert. Die MFS ist die Anzahl der Zellen, die ein Frame maximal lang sein darf.

Im folgenden Abschnitt werden die hier definierten Größen verwendet um eine Vereinbarung zwischen Nutzer und Netzwerk über Dienstgüteparameter treffen zu können.

---

[1] Operation and Maintenance-Zellen nach [4] S. 360

4. Der Verkehrsvertrag

In ATM Netzwerken gibt es zu jeder Verbindung einen sogenannten Verkehrsvertrag bzw. *Traffic Contract*. Mit Hilfe des Verkehrsvertrags werden die Charakteristiken des Datenverkehrs über eine Leitung beschrieben und gleichzeitig die Dienstgüteanforderungen an das Netzwerk festgelegt. Mit diesem Mechanismus ist es also möglich, die für einen Dienst benötigten Parameter dem Netzwerk direkt mitzuteilen. Mit den enthaltenen Daten kann das Netzwerk die optimalen Einstellungen für die Verbindung, zu der dieser Vertrag gehört, sowie für alle anderen Verbindungen unter Einhaltung derer Verträge, bestimmen.

Darüber hinaus kann mit Hilfe dieser Daten im Voraus entschieden werden, ob die Kapazität des Netzwerks die beantragte Verbindung noch ermöglicht, oder ob dadurch die bereits zugesicherten Eigenschaften von bestehenden Verbindungen beeinträchtigt würden. Die Aktionen zum Treffen dieser Entscheidung werden bei ATM mit *Connection Admission Control* (CAC) bezeichnet und ermöglichen aufbauend auf den Verkehrsvertrag ein präventives Verkehrsmanagement.

Die Daten des Verkehrsvertrags werden im sogenannten *Connection Traffic Descriptor* angegeben. Dieser besteht aus dem *Source Traffic Descriptor*, welche je nach Dienstkategorie der Verbindung die jeweils passenden Parameter enthält. Dazu zählen PCR, SCR, MBS, MCR und MFS. Zum Connection Traffic Descriptor gehören außerdem die Angabe der CDVT und eine *Conformance Definition*.

Mittels eines implementationsabhängigen Algorithmus wird über die *Conformance Definition* jede Zelle, die über ein UNI kommt, untersucht. Der Mechanismus zum Überwachen der Zellen selbst wird *Usage Parameter Control* (UPC) genannt. Auch in idealen Situationen gibt es Zellen, die nicht den Bedingungen entsprechen die vereinbart wurden. Das Netzwerk ist jedoch nur verpflichtet, für konforme Zellen die gewählte Dienstgüte sicherzustellen. Die Konformität wird mit dem *Generic Cell Rate Algorithm* (GCRA) definiert. Der GCRA bestimmt letztendlich für jede einzelne Zelle die Zellrate und prüft, ob diese noch innerhalb der Toleranz liegt. Eine genaue Beschreibung des Algorithmus ist in [4] S. 372f nachzulesen.

Für die konformen Zellen gilt es nun, für das Netzwerk die garantierten Parameter bestmöglich zu erfüllen. An diesem Punkt bleibt jedoch anzumerken, dass die auch *QoS Commitments* genannten Garantien von Natur aus probabilistisch sind. Die Parameter können vom Netzwerk nur näherungsweise erfüllt werden. Dies liegt einerseits an der Tatsache, dass die Genauigkeit für die Angabe der Parameter deutlich höher ist, als die Genauigkeit mit der sie gemessen werden können und andererseits variiert die Dienstgüte über die Zeit, bedingt durch die Zufälligkeit des Datenverkehrs selbst. Die genaue Einhaltung der Parameter kann nur über längere Zeiträume bestimmt werden und teilweise, abhängig von der Dienstkategorie, nur für Kategorien von Verbindungen und nicht für einzelne Verbindungen über ein ATM-Netzwerk.

5. Mechanismen zum Traffic-Management

Die zur Sicherung der Dienstgüte nahe liegendsten Mechanismen sind mit CAC und UPC bereits gegeben. Durch diese Prüfung ist das Netzwerk für übermäßiger Überlastung in gewissen Grenzen geschützt, da Verbindungen nur zugelassen werden, wenn die nötigen Resourcen vorhanden sind. Darüber hinaus ist in ATM noch ein Mechanismus zur Resourcenverwaltung mit Hilfe von virtuellen Pfaden spezifiziert, welcher im Folgenden beschrieben werden soll.

Da sich nun aber nicht alle Dienstkategorien z.B. mit einer Bandbreitenobergrenze beschreiben lassen, werden noch reaktive Mechanismen benötigt, um auftretende Überlastsituation zu erkennen und die Auswirkungen zu minimieren. Die entsprechenden von ATM zur Verfügung gestellten reaktiven Verfahren werden ebenfalls in diesem Abschnitt vorgestellt.

5.1. Resourceverwaltung mit virtuellen Pfaden

Die Verwendung von *Virtual Path Connections* (VPCs) ermöglicht eine effizientere Resourcenverwaltung. So lässt sich die Implementierung von CAC vereinfachen, in dem für eine VPC Bandbreite reserviert wird, die dann auf einzelne *Virtual Channel Connections* (VCCs) verteilt werden kann, wie dies in Abb. 2 angedeutet ist. Hier sind die VCCs die gestrichelten Linien innerhalb der VPCs.

Dies hat den Vorteil, dass beim Prüfen durch den CAC nur noch an den Netzwerkknoten, an den die jeweils verwendeten VPCs enden, geprüft werden muss, ob die Dienstgüte sichergestellt werden kann und nicht wie sonst an jedem einzelnen Knoten. In der Abbildung endet z.b. der VPC b am VC-Switch und die enthaltenen VCCs werden über den VPC c weiter geführt. An den VP-Switches muss hier nun nicht geprüft werden, sondern nur an der einen Stelle, an der der Pfad endet. Diese Bandbreitenreservierung hat natürlich den Nachteil, dass die Bandbreite eventuell nicht komplett ausgeschöpft wird. Ein weiterer Vorteil ist die Möglichkeit Gruppen von Verbindungen zu priorisieren, wenn diese nach Dienstkategorien geordnet sind.

Mit Hilfe von VPCs ist es außerdem möglich die Effizienz von Traffic-Management-Nachrichten zu steigern, da z.B. nur noch eine Überlastmitteilung für den gesamten Pfad übertragen werden muss, und nicht eine für jede VCC. Die virtuellen Pfade stellen sich dem Netzwerk somit insgesamt wie normale Verbindungen dar. So sind für sie unteranderem die Dienstkategorie und die gewünschte Dienstgüte zu spezifizieren. Diese Angaben sollten dann auch abhängig von den VCCs die durch diesen VPC geführt werden sollen bestimmt werden, um die Dienstgüte für die VCCs zu sichern.

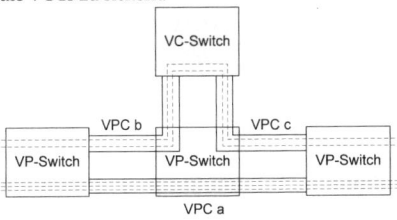

Abb. 2 Virtuelle Pfade und Virtuelle Kanäle [4]

5.2. Selektiver Zellverwurf

Eine der ersten Folgen von Überlast in einem Netzwerk ist, dass Daten durch überlaufende Puffer verloren gehen. Bei ATM ist aus diesem Grund ein selektiver Zellverwurf (*Selective Cell Discard*) implementiert. Damit ist es möglich dem Netzwerk eine Information darüber zu geben, wie wichtig eine Zelle ist, bzw. mit dieser Information die Entscheidung zu beeinflussen, welche Zellen bei Überlast zuerst verworfen werden dürfen.

Zur Differenzierung zwischen Zellen wird über das *Cell Lose Priority*-Bit (CLP) im Zellkopf ihre Wichtigkeit für die Anwendung angegeben. Eine Kennzeichnung mit CLP = 1, sagt aus, dass diese Zellen weniger wichtig sind und zuerst verworfen werden sollen. Die Zellen werden entweder direkt von der Anwendung als weniger wichtig markiert oder aber durch den UPC-Mechanismus, wenn sie nicht den vereinbarten Bedingungen entsprechen. Zellen mit CLP = 0, werden bevorzugt behandelt und als wichtiger angesehen. Dies sind meist Steuerinformationen, oder aber auch Zellen, die sich für die Dienstgütesicherung qualifiziert haben.

5.3. Traffic Shaping

Wenn es noch zu keiner Überlastung gekommen ist, aber die Verkehrscharakteristik nicht optimal zu den gegebenen Resourcen passt, wie dies besonders bei sehr Burst-lastigen Verkehrsströmen auftritt, wird *Traffic Shaping* eingesetzt, um Verkehrsströme zu glätten und Zellklumpungen zu reduzieren. Dies kann außerdem zu einer Reduzierung der durchschnittlichen CTD und zu einer faireren Verteilung der Resourcen führen.

Laut Spezifikation ([1]) ist die Verwendung von Traffic Shaping der ATM Implementierung überlassen. Nach [4] eignet sich für eine solche Implementierung z.B. ein *Token Bucket*-Algorithmus.

5.4. Explicit Forward Congestion Indication (EFCI)

Mit EFCI ist es möglich, in Situationen, in denen Überlast bei einem Netzwerkknoten auftritt den Empfänger der Zellen darüber zu informieren, dass es auf dem Pfad den die Daten genommen haben zu Überlastungen gekommen ist. Dazu werden gemäß [4] im Zellkopf die ersten beiden Bits des Payload-Feldes auf den Wert 01 gesetzt. Sollte ein Zwischenknoten die so markierte Zelle erhalten, darf er diesen Wert nicht mehr ändern. Da laut Spezifikation [1] dieses Verfahren für CBR, VBR, GFR und UBR optional ist, sollte sich darauf nicht verlassen werden. Die Funktionsweise von EFCI in Verbindung mit ABR wird im nächsten Abschnitt genauer erläutert.

5.5. ABR Zellratensteuerung mit Resource Management Zellen

Bei den Dienstkategorien CBR und VBR sind der Verkehrsvertrag und der UPC-Mechanismus die Grundlage zur Einhaltung der vereinbarten Dienstgüteparameter. Bei diesem Verfahren wird ausschließlich über eine Definition der Verkehrscharakteristika und das Markieren von nichtkonformen Zellen gearbeitet, jedoch keine Rückmeldungen über die Auslastung des Netzwerks verwendet. Diese Herangehensweise wird also *open-loop* bezeichnet.

Dieser Ansatz ist jedoch nicht nutzbar, wenn der Verkehr wie dies bei UBR und ABR der Fall ist, maximal über eine PCR spezifiziert werden kann. Im Falle von UBR wird hier der *best-effort* Ansatz verwendet und anhand der Zellverluste die Situation im Netzwerk abgeleitet. Dieses Vorgehen ist vergleichbar mit den Überlastmechanismen von TCP.

Mit einem *closed-loop*, also einem auf Feedback basierenden Ansatz, geht ABR an dieser Stelle ein Stück weiter und verwendet vom Netzwerk direkt gegebenen Informationen, um die Übertragungsrate eines Dienstes dynamisch anzupassen. Damit ist es möglich, fairere Resourcenverteilung und geringe Zellverlustraten sicherzustellen.

Damit ABR das Ziel erreicht, die verfügbare Bandbreite optimal auszunutzen, ohne dabei andere Dienstkategorien zu beeinträchtigen, nutzt es also direkte Rückmeldungen vom Netzwerk. Bei den hohen Übertragungsraten, die mit ATM möglich sind, führt dieses Vorgehen zu dem Problem, dass die Rückmeldungen des Netzwerks unter umständen so lange dauern, dass die versendeten Zellen das Netzwerk überlasten, bevor eine Rückmeldung am Sender ankommt. Dies bedeutet, dass die Netzwerkknoten entsprechend große Puffer benötigen, um die Zellverlustraten niedrig zu halten. Für die Anwendungen bedeutet dies, dass sie tolerant gegenüber unerwarteten Zellverzögerungen sowie Anpassungen ihrer Übertragungsrate sein müssen.

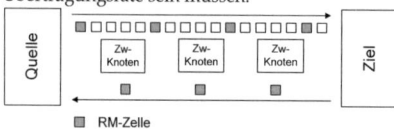

Abb. 3 ATM Resource Management Zellen [4]

ATM bedient sich zur Realisierung dieses Mechanismus sogenannter *Resource Management* (RM) Zellen. Dabei wird hier zwischen *Forward Resource Management* Zellen (FRM) und *Backward Resource Management* Zellen (BRM) unterschieden.

FRM Zellen werden direkt vom Sender verschickt und legen den Weg über die Zwischenknoten zum Empfänger zurück, um dort als BRM Zellen markiert zurückgeschickt zu werden. Dieser Vorgang ist in Abb.3 dargestellt.

Das eigentliche Verfahren funktioniert nun so, dass der Sender eine *Allowed Cell Rate* (ACR) hat und diese dynamisch anpasst. Die Anpassungen werden anhand der empfangenen RM-Zellen vorgenommen. In diesen RM-Zellen sind verschiedene Informationen gekapselt. Mit dem *Congestion Indication* Bit (CI) wird erkannte Überlast signalisiert, woraufhin der Sender dann seine Datenrate senken soll. Mit dem *No Increase* Bit (NI) wird der Sender aufgefordert die Datenrate nicht weiter zu erhöhen und über das *Explicit Cell Rate* Feld (ER), kann das Netzwerk sogar eine Angabe machen, wie hoch die Übertragungsrate des Senders sein darf, wobei der Sender in diesem Fall die vereinbarte *Minimum Cell Rate* (MCR) nicht unterschreiten muss. Die Details sind [4] S. 381 sowie in [1] 5.10 zu finden.

Die RM-Zellen, die für diesen Mechanismus verwendet werden, sind selbst normale ATM Zellen, die als Nutzlast Daten über die aktuelle Verbindung enthalten, so werden z.B. die ER, *Current Cell Rate*, Minimum Cell Rate sowie weiter Informationsbits, wie z.B. die bereits erwähnten übermittelt.

Gesendet werden die RM-Zellen größtenteils vom Datensender selbst und zwar alle $Nrm - 1$ Zellen, wobei normalerweise $Nrm = 32$ gilt. Der Sender setzt dabei das CI-Bit auf 0. Außerdem werden diese Zellen meist mit dem Bit für keine Überlast und mit der ER auf die gewünschten Zellrate gesetzt verschickt. Auf dem Weg zum Empfänger können diese Angaben nun durch Zwischenknoten angepasst werden. Wenn an einem Zwischenknoten Überlast eintritt, kann dieser dies an der FRM-Zelle durch Setzen von CI oder NI kennzeichnen und z.B. die ER anpassen. Anschließend sendet er die FRM weiter Richtung Empfänger. Da es mitunter zu lange dauern könnte, bis die Information den Sender erreicht, ist außerdem die Möglichkeit vorgesehen, dass Zwischenknoten von sich aus BRM-Zellen erstellen und direkt zum Sender schicken. Die vom Zwischenknoten erstellten BRM-Zellen enthalten dieselben Informationen, müssen aber nicht erst den kompletten Weg zum Empfänger zurücklegen, um dann zum Sender zu gelangen, damit dieser darauf reagieren kann. Es wird an dieser Stelle also vor allem Zeit gespart. Dieser Mechanismus wird nach [6] unter dem Namen *Backward Explicit Congestion Notification* geführt.

Wenn eine FRM-Zelle den Empfänger erreicht,

schickt er diese im Normalfall unverändert aber als BRM-Zelle gekennzeichnet zurück. Sollte er jedoch davor Datenzellen die mit dem ECFI-Bit gekennzeichnet waren erhalten haben, setz er zusätzlich noch das CI-Bit an der RM-Zelle. Auf dem Rückweg ist es den Zwischenknoten ebenfalls möglich die BRM-Zellen noch zu ändern, um auf Überlast hinzuweisen und somit relativ schnell den Sender zu einer Anpassung seiner Übertragungsrate zu bringen.

5.6. GFR Traffic-Management

Für die *Guaranteed Frame Rate*-Dienste gibt es ebenfalls einige zusätzliche Mechanismen zum Traffic-Management. Insgesamt ist GFR jedoch genau so simpel wie UBR und bietet je nach Netzkonfiguration keine Traffic Policing bzw. Traffic Shaping Mechanismen an. Auch eine Garantie für die Übertragung von Frames gibt es nicht. Es kann also je nach Netzauslastung zu Frameverlust kommen, besonders wenn die Zellrate über der vereinbarten minimalen Zellrate liegt. Diese ist jedoch analog zu ABR durch das Netzwerk garantiert.

Der Vorteil bei GFR gegenüber den anderen Dienstkategorien liegt in der Beachtung von Framegrenzen. Als Frame wird hierbei nach [1] eine *AAL Protocol Data Unit* bezeichnet. Die Grenzen eines Frames lassen sich über das *Payload Type* Feld im Zellkopf ermitteln. Durch diese zusätzliche Information über den Aufbau des Verkehrsstroms kann besser auf z.B. Überlastsituationen reagiert werden. So ist es nun möglich, wenn eine Zelle verworfen werden muss, den kompletten Frame zu verwerfen. Die restlichen Zellen des Frames müssen also nicht bis zum Empfänger übertragen werden. Da ATM keinen Mechanismus für selektive Neuübertragung bereitstellt, müssen in jedem Fall alle Zellen des Frames neu übertragen werden, wenn dies durch eine höhere Schicht angefordert wird. Durch das Verwerfen des kompletten Frames steigert sich somit die Effizienz der Übertragung.

Die allgemeinen Mechanismen wie die UPC werden natürlich ebenso unterstützt. Sie werden allerdings auf die Beachtung von Frames hin optimiert. So wird die *Cell Lose Priority* bei jeder Zelle eines Frames auf den gleichen Wert gesetzt und nicht für jede Zelle unterschiedlich. Der verwendete UPC-Algorithmus ermittelt für jede Zelle des Frames die *Conformance* und markiert sie darauf hin. Dabei gilt die Regel, dass wenn eine oder mehr Zellen des Frames als nicht konform eingestuft werden, der komplette Frame als nicht konform eingestuft wird. Zur Überprüfung wird mit dem F-GCRA, also *Frame Generic Cell Rate Algorithm* ein optimierter GCRA eingesetzt, mit dessen Hilfe die Einhaltung der im Verkehrsvertrag vereinbarten Parameter geprüft werden kann. Außerdem wird mit dem F-GCRA geprüft, ob die *Maximum Frame Size* nicht überschritten wird.

Zur differenzierten Behandlung werden die Frames letztendlich in drei Stufen eingeteilt, für die jeweils andere bzw. keine Garantien zur Dienstgüte gegeben werden. Als *nicht konform* werden die Zellen bezeichnet, die gegen eine Vereinbarung des Verkehrsvertrags verstoßen. Sie werden entweder gleich verworfen oder aber mit CLP = 1 als weniger wichtig markiert.

Die zweite Stufe sind die zwar konformen, aber nicht für die Dienstgüteparameter qualifizierten Zellen. Dies sind die Zellen, die noch nicht gegen die vereinbarten Parameter verstoßen, aber schon über der MCR liegen. Für sie wird die Übertragung im *best-effort* Sinn realisiert. Für die dritte Stufe, den konformen und qualifizierten Zellen, wird die vereinbarte Dienstgüte komplett sichergestellt.

Der zur Einteilung verwendete F-GCRA interpretiert einen Frame als einen Burst von Zellen. Dementsprechend muss die Toleranz gegenüber Zellbursts an die vereinbarten Parameter angepasst werden. Für alle Frames, welche die MFS einhalten und innerhalb der Minimum Cell Rate übertragen werden, muss also sichergestellt sein, dass sie innerhalb der Burst Toleranz liegen. Die Details zum F-GCRA können unter anderem aus [4] S. 394f entnommen werden.

Das Ergebnis der Prüfung mit dem F-GCRA wird jeweils nur von der ersten Zelle des Frames bezogen. Wenn diese als qualifiziert gilt, wird der komplette Frame als zur Sicherstellung der Dienstgüte qualifiziert betrachtet. Das Netzwerk kann nun abgestuft je nach Überlast zuerst die nicht konformen Zellen und falls dies nicht ausreicht um eine faire und den Vereinbarungen mit allen anderen Verbindungen entsprechende Resourcenverteilung sicherzustellen, auch die nicht qualifizierten Frames bzw. die Zellen dieser Frames verwerfen.

5.7. Umsetzung des Traffic-Managements im Router

In diesem Abschnitt wird der konzeptionelle Aufbau einer Traffic-Management-Einheit in einem ATM-Router skizziert, um den Zusammenhang zwischen den einzelnen Mechanismen zu veranschaulichen. Abb. 4 reduziert den dargestellten Sachverhalt allein auf die relevanten Elemente. Auf die Darstellung von anderen wesentlichen Komponenten eines ATM-Routers wurde auf Grund der Übersichtlichkeit verzichtet.

In dieser Form wird sich daher diese Traffic-Management-Einheit sicher auch nicht implementieren lassen, da wichtige Aspekte, wie z.B. Switching und Routing noch integriert werden müssten, um eine sinnvolle und effizient arbeitende Einheit zu bilden.

Die dargestellte Einheit arbeitet nun mit den auf der linken Seite eingehenden ATM-Zellen und der *Cell and Path Identifer* untersucht die Zellen als erstes auf ihre Bedeutung für den Router. Falls es sich um eine Zelle zum Verbindungsaufbau handelt, wird der CAC bemüht um die Parameter für einen Datenstrom aufzunehmen und zu überprüfen, ob das Netz sie unter den aktuellen Bedingungen einhalten kann.

Handelt es sich nicht um einen Verbindungsaufbau, wird im Fall von GFR noch geprüft, ob die Zelle zum aktuellen Frame gehört. Außerdem werden an dieser Stelle die Informationen zur Zugehörigkeit zu einer bestimmten VPC/VCC aufgenommen um diese in die weitere Verarbeitung einbeziehen zu können. Anschließend prüft die UPC unter Verwendung des (F-)GCRA die Einhaltung des Traffic Contracts, markiert die Zelle bei Bedarf und übergibt sie dem Buffer Management. Falls ABR eingesetzt wird, können gegebenenfalls BRM-Zellen über den RM-Agent generiert und an Sender zurückgeschickt werden, oder FRM-Zellen mit entsprechenden Informationen versehen werden um diese in Richtung Empfänger weiterzuleiten.

Im Buffer-Management werden zu den Grundfunktionen die Funktionalitäten zum selektiven Zellverwurf und Traffic-Shapping implementiert, um auf Überlast reagieren zu können. Anschließend werden die Zellen, die weiter geroutet werden sollen an den Queuing und Scheduling Mechanismus des Routers übergeben um versandt zu werden.

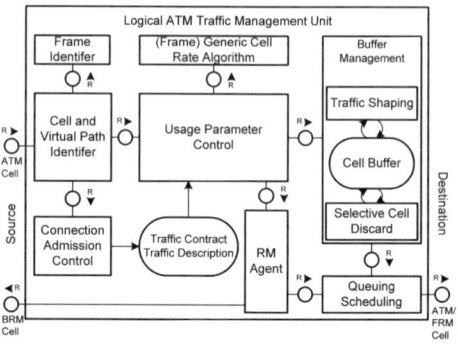

Abb. 4 Konzeptioneller Aufbau einer Traffic-Management-Einheit in einem ATM-Router

6. ATMs Traffic-Management im Vergleich zu TCP/IP

Der Vergleich zwischen ATM und TCP/IP ist sicher nicht in allen Fällen angebracht, da ATM weniger auf der für TCP/IP typischen Protokollebene eingesetzt wird und eher als Protokoll für die Sicherungsschicht Verwendung findet. Trotzdem sollen an dieser Stelle kurz die beiden Ansätze verglichen werden, um die Unterschiede zu verdeutlichen.

ATM hat mit seinen Dienstkategorien und dem Traffic Contract sehr ausgefeilte Mechanismen zur Kategorisierung und Beschreibung von Datenströmen. Dies ist beim IP nicht in dem Maße der Fall. Hier stehen sowohl in IPv4 als auch in IPv6 nur rudimentäre Möglichkeiten zur Verfügung. Bei IPv4 gibt es im Header die Möglichkeit über 3 Bits kodiert im *Type of Service*-Feld angaben zur Art des Datenstroms zu machen, zu dem das aktuelle Paket gehört. Eine genaue Angabe der Charakteristika des Datenstroms ist jedoch nicht möglich. Mit IPv6 ändert sich dies nicht grundlegend. Hier ist eine mit 8Bit etwas erhöhte Differenzierung möglich und über das Flow Label die Kennzeichnung von Datenströmen aus Paketen vorgesehen, es werden jedoch keine weiteren Beschreibungsmechanismen eingeführt. Dadurch ist das Wissen über einen Datenstrom deutlich geringer, als dies bei ATM der Fall ist und es können weniger Traffic-Management-Verfahren zur Optimierung angewendet werden.

Auf TCP-Ebene kommt der Mechanismus der Flow-Control hinzu. Damit kann der Empfänger eines Datenstroms dem Sender indirekt signalisieren, dass er die Übertragungsrate anpassen soll. In TCP ist dazu für den Empfänger vorgesehen, dass er dem Sender über das Setzen der Fenstergröße auf Null, das weitere Senden verbieten kann, solange bis er alle einkommenden Daten verarbeiten konnte, um die Fenstergröße dann wieder zurückzusetzen und dem Sender das weitere Senden zu gestatten.

ATM ermöglicht über das Angeben einer Explicit Cell Rate in RM-Zellen hier eine direkte Steuerung der Übertragungsrate. Des Weiteren ist für die unterschiedlichen Dienstkategorien klar definiert, was mit Zellen passiert, die nicht den vereinbarten Parametern entsprechen. Dies ist also ein weiterer klarer Vorteil der ATM-Mechanismen.

Im Fall von Überlast im Netz bieten sowohl TCP als auch ATM ähnliche Lösungen. Bei TCP gibt es mit der *Explicit Congestion Notification* einen zur ATM EFCI vergleichbaren Mechanismus. Zusätzlich reagieren die meisten TCP-Implementierungen jedoch auch auf indirekte Anzeichen für Überlast. So werden Paketverluste als Indikator verwendet um die Übertragungsgeschwindigkeit anzupassen. Dies ist in der Form bei ATM nicht der Fall. Jedoch gibt es im ABR-Modus mit der Verwendung von BRM-Zellen eine etwas effizientere Lösung der Zustellung von expliziten Überlastinformationen, da die Zwischenknoten direkt den Sender adressieren.

Im Bereich des *Traffic Policing* gibt es bei ATM mit der UPC strikte Vorgaben, wie es realisiert werden soll, wohingegen bei TCP dazu keine Vorgaben gemacht werden. Für *Traffic Shaping* hängen die verfügbaren Mechanismen in beiden Fällen jedoch stark von der Implementierung im Router ab und sind in den Standards nur grob vorgegeben. Im Grunde sind hier die Möglichkeiten jedoch gleichwertig, sowohl die von TCP als auch die von ATM.

Aus Sicht der verfügbaren Traffic-Management und Dienstgütesicherungsmechanismen, hat ATM klar das größere Potenzial. Bei TCP/IP sind diese Möglichkeiten deutlich eingeschränkter und nicht so ausgefeilt. In Hinsicht auf die Komplexität hat dies natürlich erhebliche Auswirkungen. So verursachen die von ATM unterstützten Mechanismen natürlich eine deutlich höhere Komplexität der Routersysteme und damit auch höhere Anforderungen in Betrieb und Konfiguration. Dies ist besonders in den Fällen nachteilig, wo ATM als reine Sicherungsschicht verwendet wird und überliegende Protokolle, wie z.B. IP keinen Nutzen aus den Fähigkeiten ziehen können und zusätzlich ihre eigenen Mechanismen anbringen. Dies ist auch einer der Hauptgründe, weshalb ATM zunehmend von anderen Technologien verdrängt wird und auch im Backbone-Bereich unter Druck gerät.

7. Zusammenfassung

ATM bietet mit den hier vorgestellten Verfahren umfangreiche Möglichkeiten zum Traffic-Managment und zur Dienstgütesicherung. Mit der Herangehensweise Dienste in Kategorien einzuordnen und daran bestimmte Verkehrscharakteristiken zu knüpfen, hat der Nutzer die Möglichkeit die für seine Bedürfnisse passenden Dienstgüteparameter relativ einfach zu bestimmen.

Über den Verkehrsvertrag ist es darüber hinaus möglich Parameter vorzugeben, die vom Netz aber auch vom Dienst eingehalten werden sollen. Die Daten aus dem Vertrag werden auch zur Entscheidung genutzt, ob das Netz die angeforderte Verbindung noch bewältigen kann. Mit der *Usage Parameter Control* zusammen stehen ATM somit geeignete präventive Sicherungsmaßnahmen zur Überlastvermeidung zur Verfügung.

Außerdem werden auch die gängigen Verfahren wie selektiver Zellverwurf, Traffic Shaping und Explicit Forward Congestion Indication unterstützt und zusätzlich ATM typische Vorteile wie die Verwendung virtueller Pfade zur effizienten Resourcenverwaltung genutzt.

Für die ABR Dienstkategorie steht ein closed-loop Feedbackmechanismus bereit, der über periodisch ins System eingebrachte Resource Management Zellen dem Sender die Möglichkeit gibt anhand von Überlastmeldungen oder der expliziten Vorgabe einer Übertragungsrate sein Sendeverhalten an die verfügbare Bandbreite anzupassen.

Mit der zuletzt betrachteten Guaranteed Frame Rate Dienstkategorie wurde in ATM zudem die Möglichkeit eingeführt, auch auf die Bedürfnisse von Frame-basierten Protokollen auf höheren Schichten im Stack-Model einzugehen und hier die Mechanismen geschickt zu optimieren um eine effizientere Übertragung in Überlastsituationen zu erreichen.

Insgesamt sind die Fähigkeiten von ATM unter dem hier betrachteten Aspekt des Traffic-Managments und der Dienstgütesicherung deutlich umfangreicher, als diese z.B. bei TCP/IP sind.

Aus diesem Grund hat ATM in verschiedenen Nischenbereichen weiterhin seine Daseinsberechtigung, auch wenn der Trend immer mehr zu einer Vereinheitlichung der Netze in Richtung IP geht, welches auf Grund der Unterschiede auf technischer Ebene seine eigenen Vorteile hat.

Literatur

[1] The ATM Forum, Traffic Management Specification, V. 4.1. Mnt. View, CA. März 1999. http://www.mfaforum.org/ftp/pub/approved-specs/af-tm-0121.000.pdf

[2] The ATM Forum, Addendum to TM 4.1: Differentiated UBR. Mountain View, CA. Juli 2000. http://www.mfaforum.org/ftp/pub/approved-specs/af-tm-0149.000.pdf

[3] The ATM Forum, Addendum to TM 4.1 for an Optional Minimum Desired Cell Rate Indication for UBR. Mnt. View, CA. Juli 2000. http://www.mfaforum.org/ftp/pub/approved-specs/af-tm-0150.000.pdf

[4] W. Stallings, HIGH-SPEED Networks and Internets: Performance and Quality of Service, 2nd ed. New Jersey: Prentice Hall, 2002, Kap. 5 u. 13.

[5] O. Kyas, ATM-Netzwerke: Aufbau, Funktion, Performance. Bergheim: DATACOM-Verlag, 1993, Kap. 11.

[6] M. R. Karim, ATM Technology and Services Delivery. New Jersey: Prentice-Hall, 2000, Kap. 5.

[7] R. Jain, Congestion Control and Traffic Management in ATM Networks: Recent Advances and A Survey. Columbus, OH. The Ohio State University. August 1996.

[8] A. Meyer, Asynchronous Transfer Mode. Potsdam, HPI, Universität Potsdam. Juni 2006

[9] T. Mickelsson, ATM versus Ethernet. Helsinki University of Technology. Mai 1999 http://www.tml.tkk.fi/Opinnot/Tik-110.551/1999/papers/07ATMvsEthernet/iworkpaper.html

Abkürzungsverzeichnis

ABR	Available Bit Rate
ACR	Allowed Cell Rate
ATM	Asynchronous Transfer Mode
BRM	Backward Resource Management
CAC	Connection Admission Control
CBR	Constant Bit Rate
CDV	Cell Delay Variation
CDVT	Cell Delay Variation Tolerance
CI	Congestion Indication
CLP	Cell Lose Priority-Bit
CLR	Cell Lose Ratio
CTD	Cell Transfer Delay
EFCI	Explicit Forward Congestion Indication
ER	Explicit Cell Rate
F-GCRA	Frame Generic Cell Rate Algorithm
FRM	Forward Resource Management
GCRA	Generic Cell Rate Algorithm
GFR	Guaranteed Frame Rate
IP	Internet Protocol
MBS	Maximum Burst Size
MCR	Minimum Cell Rate
MFS	Maximum Frame Size
nrt-VBR	Non-Real-Time Variable Bit Rate
NI	No Increase Bit
OAM	Operation and Maintenance
PCR	Peak Cell Rate
QoS	Quality of Service
rt-VBR	Real-Time Variable Bit Rate
SCR	Sustainable Cell Rate
TCP	Transmission Control Protocol
UBR	Unspecified Bit Rate
UNI	User-Network Interface
UPC	Usage Parameter Control
VBR	Variable Bit Rate
VCC	Virtual Channel Connection
VPC	Virtual Path Connection

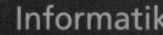

Informatik

Die Mechanismen zum Traffic-Managment und der Dienstgütesicherung, welche in der ATM Spezifikation definiert sind, werden vorgestellt. Dazu werden die ATM Dienstkategorien näher erläutert und darauf aufbauend die für ATM relevanten Dienstgüteparameter eingeführt. Auf dieser Grundlage werden die Funktion des Verkehrsvertrags und anschließend die weiterführenden Methoden zur Verwaltung des Netzverkehrs vorgestellt. (...)

www.grin.com

Dokument Nr. V110350
http://www.grin.com
ISBN 978-3-640-11445-0

Florian Lente

Analyse eines Zeitungsartikels nach der Methode der Objektiven Hermeneutik

Studienarbeit